AF276213

TODO LO QUE ODIAS DE TU SIGNO

DE TU

(Y TODAVÍA NO SABES)

CAPRICORNIO

Una guía para sobrevivir a ti mismo

 temas de hoy

Edición a cargo de Charas Vega
Corrección de estilo a cargo de Alba Armario

© 2023, Estudio PE S.A.C.
Desarrollo editorial: Anónima Content Studio
Redacción: Catalina Torres-Benjumea / María José Fermi
Cuidado editorial: Equipo Editorial Anónima Content Studio
Diseño: Anónima Content Studio / Lyda Sophia Naussán R.
Imágenes de interiores: © FreePik
Ilustración de la cubierta: Anónima Content Studio / Sheila Norma
Alvarado Peña

Primera edición en español:
© 2023, Editorial Planeta Mexicana, S.A. de C.V.
Bajo el sello editorial DIANA M.R.

© Editorial Planeta, S. A., 2024
   temas de hoy, un sello editorial de Editorial Planeta, S. A.
   Avda. Diagonal, 662-664, 08034 Barcelona (España)
   www.planetadelibros.com

Primera edición en esta presentación: septiembre de 2024
ISBN: 978-84-19812-87-2
Depósito legal: B. 12.108-2024
Composición: Realización Planeta
Impresión y encuadernación: Huertas Industrias Gráficas, S. A.
Printed in Spain - Impreso en España

La lectura abre horizontes, iguala oportunidades y construye una sociedad mejor. La propiedad
intelectual es clave en la creación de contenidos culturales porque sostiene el ecosistema de quienes
escriben y de nuestras librerías. Al comprar este libro estarás contribuyendo a mantener dicho
ecosistema vivo y en crecimiento. En **Grupo Planeta** agradecemos que nos ayudes a apoyar así la
autonomía creativa de autoras y autores para que puedan seguir desempeñando su labor.

Dirígete a CEDRO (Centro Español de Derechos Reprográficos) si necesitas fotocopiar o escanear
algún fragmento de esta obra. Puedes contactar con CEDRO a través de la web www.conlicencia.
com o por teléfono en el 91 702 19 70 / 93 272 04 47.

«No tenemos que avergonzarnos
de coquetear con el zodiaco.
Vale la pena coquetear
con el zodiaco.»
D. H. LAWRENCE

ÍNDICE

PRÓLOGO

Capricornio representa un momento vital que ya ha dejado atrás su etapa *hippy* (hola, Sagitario), es un signo que entiende que ir al trabajo y ganar pasta para estar en una posición de mucha responsabilidad es el objetivo. Alrededor de los cincuenta, pongamos, un poco antes de la jubilación.

Este signo es algo más conservador que otros en sus decisiones porque tiene cosas que perder. Su prioridad es trabajar para tener el mejor futuro posible, de ahí que la parte del cuerpo que lo representa sea la rodilla.

La cabra con cola de pez —¡no confundir con Aries!— es símbolo de la resistencia a la adversidad; pensad que las cabras de montaña sobreviven con un poco de hierba en territorios superáridos. Son una suerte de Benjamin Button: envejecen al revés, son niños serios y responsables que con los años aprenden a disfrutar.

Son gente educada, pero también tienen mala hostia y, si te quieren ayudar, no te dorarán la píldora, te dirán las cosas como son. Capricornio es el típico padre que dirá: «No ayudes al niño, que aprenda». Entiende las normas de la vida, ve el mundo como un lugar potencialmente hostil y se amolda para ganar el juego. Suena duro, pero la vida es así. Mientras que otros signos luchan por no tener obligaciones, Capricornio trabaja para valerse por sí mismo y no le da miedo responsabilizarse de sus actos.

Constante, sólido, apacible, su imagen más representativa sería la montaña más difícil de escalar.

Charas Vega (@charcastrology)

INTRODUCCIÓN

Todos hemos escuchado hablar de los horóscopos. Están en nuestra vida diaria, casi casi en nuestro ADN: que tu amiga comenzó a salir con un Piscis, que tu jefe resultó ser Leo o que por alguna razón eres muy organizada, y casualmente eres Virgo. Pero hay más que eso. La astrología influye en ti y tus relaciones con el universo en general.

En este manual para la vida te invitaremos a reconocerte en aquellas cosas que odias de tu signo (y todavía no sabes). Creemos que en la oposición están también las fortalezas; en reconocer lo que somos y lo que no. Hacer tuyo todo esto te hará mejor. ¿No es así, Escorpio? ¿Te suena, Acuario? Así que hemos recopilado todo aquello que no quieres reconocer y te lo hemos dejado bien clarito para que no te quepan dudas y puedas interactuar mejor con los demás y, por supuesto, contigo mismo.

Unas cuantas reglas de este universo

Te pedimos que dejes la lógica afuera —va para los Virgo—, y que después de leer esta guía analices tu vida e intercambies ideas y opiniones —sigue tu propio ejemplo, Géminis—. Lo que deseamos es que no te inventes historias en la cabeza; si eres Cáncer, ese mensaje es para ti, claramente. ¡Haz caso a las estrellas y déjate llevar!

Pero antes de empezar te pedimos que no dejes que nuestro tono sarcástico o nuestra ironía afecte tu sensibilidad, hay que tener sentido del humor en esta vida; hay que aprender de Sagitario. Nosotros hemos gozado escribiendo este manual de vida desde el humor negro. Primero, porque esa es una estrategia para afrontar mejor el estrés o algunos eventos críticos de la vida. Segundo, porque ayuda a reconocer que te equivocaste —toma nota, Aries—. Y tercero, porque simplemente es más divertido hacerlo así.

El escritor estadounidense Mark Twain —típico Sagitario— lo definió de este modo: «El ser humano solo tiene un arma efectiva: el humor». A lo que el poeta francés Jean de Santeul —otro Sagitario— añade: *Castigat ridendo mores*, es decir: «Corrige las costumbres riendo». Así que nos lo hemos tomado en serio y en esta guía te mostraremos un camino que va por ese lado.

LOS 12 SIGNOS DEL ZODIACO

Este no es uno de esos libros de horóscopos que romantiza la astrología y solo ve lo bueno de los signos, ese que ya tanto conoces y que has leído desde siempre. Aquí te vamos a decir «lo rudo» de los signos, por así decirlo: la verdad salvaje de cada uno, sin anestesia. Mejor dicho, este es un ANTIHORÓSCOPO: una guía de todo lo que no son, y que en realidad los pinta de cuerpo entero. Agarraos que allá vamos.

ARIES

21 de marzo–19 de abril

Aries, tú no conoces el límite. Con tu cornamenta lo empujas siempre para demostrar que puedes hasta con lo inalcanzable, incluso si acercarte a las llamas significa que puedas quemarte de vez en cuando. Eres puro fuego, pasión e impulso. ¿Ser uno más de la manada? Imposible. ¡Jamás! Tú no naciste para seguir al resto, sino para liderar.

Elemento: Fuego - **Regente:** Marte

TAURO

20 de abril–20 de mayo

Tauro, tú no naciste para sufrir. Eres un gozador nato. No entiendes cómo hay gente que no disfruta todos los placeres de la vida a cada momento, en cada instante. Aunque puedas parecer muy hedonista, la realidad es que —como buen toro— tienes los pies sobre la tierra. Eres confiable y estable. Eso sí, lo testarudo nadie te lo quita.

Elemento: Tierra - **Regente:** Venus

GÉMINIS

21 de mayo–20 de junio

Arriba o abajo. Blanco o negro. Amor u odio. Géminis, a ti el punto medio te da alergia. A ti lo que te gusta son los extremos, puedes pasar de un extremo al otro como quien cambia de ropa interior a diario. Te habita un par de gemelos que van a su estilo, los dos muy guapos, muy hermosos; ellos son los ereyes de la calma y de las buenas bromas.

Elemento: Aire - **Regente:** Mercurio

CÁNCER

21 de junio–22 de julio

Cáncer, tú que odias la inestabilidad y las ambigüedades, siempre estás listo para zambullirte en el mar de emociones que es la vida. ¿Viene una ola de alegría? Ahí estás. ¿Viene una ola de tristeza o mal humor? ¡Caparazón, para eso te tengo! La intuición pocas veces te falla, por eso eres el consejero del zodiaco, aunque tu sensibilidad a flor de piel a veces te traiciona.

Elemento: Agua - **Regente**: La Luna

LEO

23 de julio–22 de agosto

Confiesa, Leo, cuando entras en una habitación piensas para ti: «Abran paso a su alteza, rey de la selva, primero de su nombre, señor de las constelaciones y protector de todo el reino zodiacal». Y es que naciste para brillar y liderar. Aunque a veces ese poder se te suba a la cabeza y reines en la oscuridad de tu propia soberbia.

Elemento: Fuego - **Regente:** El Sol

VIRGO

23 de agosto–22 de septiembre

Vamos a delatarte, Virgo. No hay nada que te saque más de quicio que te cambien los planes. Tú no dejas nada fuera de orden, eres amante de las hojas de Excel y las agendas. Si de último minuto te cancelan una cita, no hay poder humano que te haga aceptar otra. Tienes un espíritu eficiente y perfeccionista que no puedes con él.

Elemento: Tierra - **Regente:** Mercurio

LIBRA

23 de septiembre–22 de octubre

Que no te pidan enfrentar un conflicto o tomar una decisión radical, Libra. Tú eres el amo y señor de los matices. Te sientes cómodo moviéndote en un sinfín de tonos grises. Como buena balanza que eres buscas el equilibrio, pero sueles tener respuestas que no son «ni fu ni fa». Ahora bien, lo que te sobra de indeciso lo tienes de sobra en acto y espíritu conciliador.

Elemento: Aire - **Regente:** Venus

ESCORPIO

23 de octubre–21 de noviembre

Ni olvido ni perdón. Los que dicen que los monstruos no existen no te conocen enfadado, Escorpio. Y una vez que clavas el aguijón no hay vuelta atrás. No hay disculpa que sirva; «ojo por ojo y diente por diente» es tu ley. La memoria es tu aliada, pues tampoco olvidas los buenos gestos que otros han tenido contigo. Magnético y pasional, andar a tu lado es abrazar el misterio y saltar al vacío sin saber si el paracaídas abrirá o no.

Elemento: Agua - **Regente:** Plutón

SAGITARIO

22 de noviembre–21 de diciembre

No tener planes no es lo tuyo, Sagitario. Quedarte quieta o quieto, tampoco. Los días duran 24 horas, pero los tuyos tienen 30. Si no tienes nada que hacer, te lo inventas. Eres pura aventura, vives para intentar cosas nuevas: viajar a lugares desconocidos, degustar platos exóticos y probar cuanta posición en la cama tu cuerpo te permita.

Elemento: Fuego - **Regente:** Júpiter

CAPRICORNIO

22 de diciembre–19 de enero

Para ti, Capricornio, no existe peor pecado que no cumplir una promesa. La palabra es palabra; si no, azote. Tú ordenas tu mundo con una línea imaginaria que divide todo lo que está bien de lo que está mal y más les vale —¡y a ti también!— estar del lado correcto. Si la vida es una montaña, tú naciste para treparla y llegar a la cima, aunque cueste sangre, sudor y lágrimas.

Elemento: Tierra - **Regente:** Saturno

ACUARIO

20 de enero–18 de febrero

¿Seguir las reglas del juego? Eso nunca. Las pautas y normas no se inventaron para ti, Acuario. Tú estás lejos de ser casto y puro. Eres libertino y cuestionas hasta el cansancio. Buscas nuevos caminos para innovar y, ¿por qué no?, liberar todo aquello que consideras injusto. Lo que tienes de audaz e intrépido, también lo tienes de impredecible y esquivo.

Elemento: Aire - **Regente:** Urano

PISCIS

19 de febrero–20 de marzo

A ver si Piscis nos presta atención. Deja tu realidad paralela un segundo, por favor. Sabemos que no te gusta sentirte preso y que tu respeto por las convenciones es tan abstracto que dejas que todo fluya por otro lado. Si las cosas se ponen difíciles, te esconderás entre los corales; pero cuando estés preparado, ¡vaya!, saldrás a la superficie para dar un coletazo si te desafían.

Elemento: Agua - **Regente:** Neptuno

CAPRICORNIO

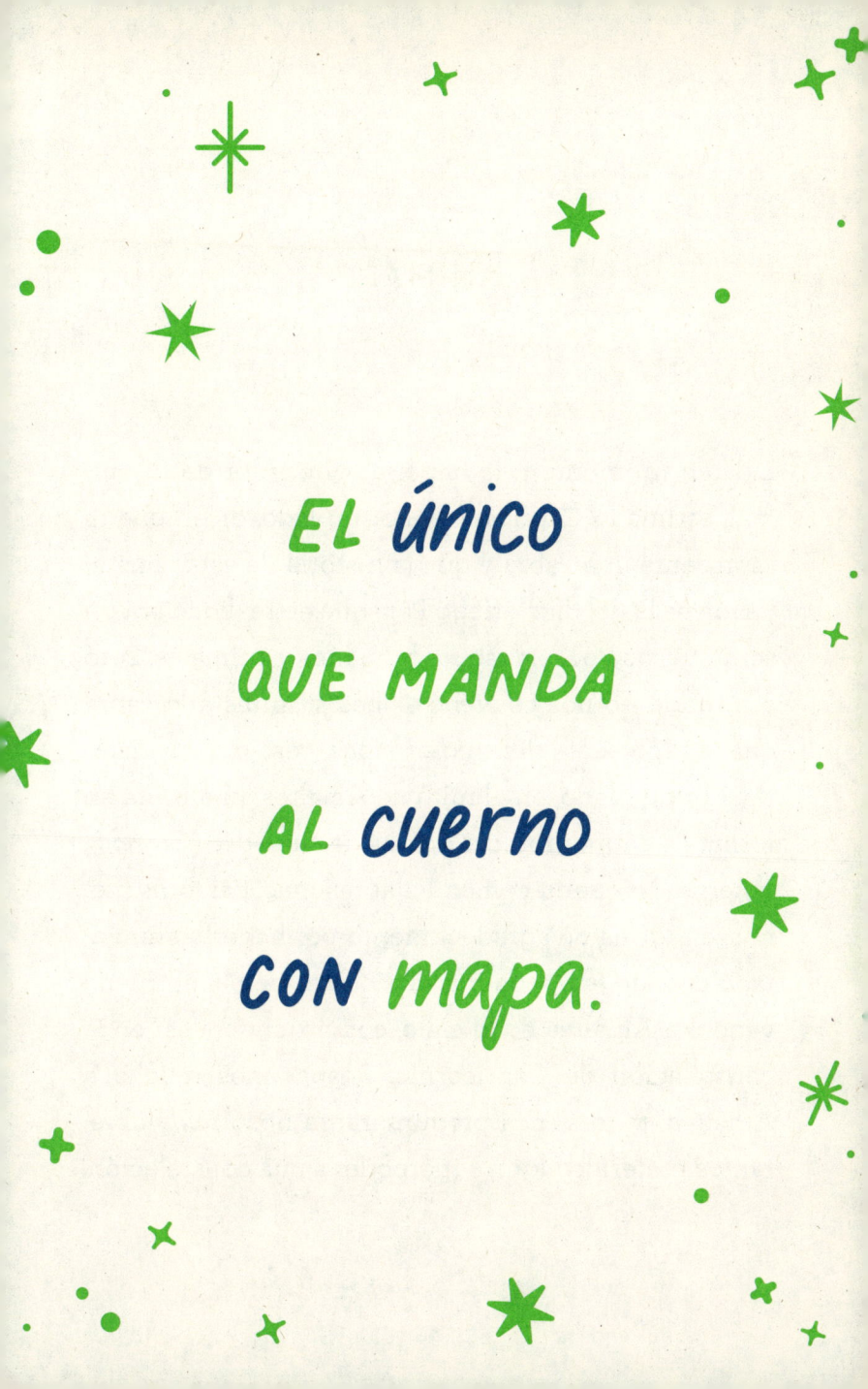

EL *único*

QUE MANDA

AL *cuerno*

CON *mapa.*

ANIMAL

Existen un montón de historias alrededor de tu animal, estimado Capricornio. Por un lado, dicen que te representa una cabra y que la historia de esta constelación es la del dios griego Pan, que en realidad era un semidiós que poseía rasgos humanos y animales. Pero esa teoría no nos convence, pues si miras a la cabra que te representa tiene cola de pez y esa es otra historia. Por otro lado, en el mito de Amaltea, una ninfa en forma de cabra protegía a Zeus de su padre (Cronos), quien se lo quería comer. Palabras más, palabras menos, en forma de agradecimiento por haberlo alimentado cuando era pequeño, el dios del cielo y el trueno veneró a Amaltea en el cielo, convirtiéndola así en la constelación de Capricornio. Respetamos mucho a Amaltea, pero si nos preguntaran a nosotros, hubiéramos preferido algún superpoder a una constelación.

CONSTELACIÓN

Ese corazón medio deforme al que no se le ven los cuernos ni la cola de pescado es lo que te representa en el cielo. Para Zeus es un recuerdo en honor a su cuidadora Amaltea, y como el cielo también es de él, pues pone lo que quiere donde quiere. El nombre de la constelación es Capricornus, pero de cariño los astrólogos le pusieron Capricornio y tiene las características de una cabra: ágil, equilibrada y saltarina, aunque a ti no te cuadra tanto lo de saltar.

Por otro lado, tienes una cola de pez a la que le puedes dar el significado pragmático que te acomode, pero sabemos que los peces son del agua, y el agua representa las emociones y los sentimientos. Si metes todo esto en una cajita, da como resultado gran parte de tu personalidad en el zodiaco: una cabra furiosa y llorona al mismo tiempo.

SÍMBOLO

Los que estaban encargados de los glifos de los signos tenían una franca deficiencia en abstracción. En teoría el tuyo es una V, que representa los cuernos, y hasta ahí todo bien; con una «r» o «R» que a ellos les pareció una cola de pez. Desde aquí podemos presenciar el desequilibrio que tienes en la cabeza, te dicen que tu elemento es tierra, que te representa una cabra saltarina —que no necesariamente está enraizada— y además de todo, que tienes una cola de pez tan emocional que le cuesta estar en la tierra. Así funciona la astrología, querido Capricornio.

PLANETA REGENTE

Saturno parece el papá regañón, el jefe de plaza de los planetas. A este pobre le dejaron todas las tareas aburridas. No te estamos diciendo que tú seas aburrido, solo que tu planeta representa la responsabilidad, las limitaciones, los desafíos, la estructura, el realismo y todo lo que no encontramos en la tranquilidad o las fiestas. Y de esta manera, te tocó ser trabajador y sabio; ese que dice que está mal hecho y que lo repitan. Pero todo esto, que es muy racional, con una cola de pez que puede ser tu emocionalidad furiosa, porque la furia no es racional, es una emoción, y tú eres muy irascible.

Saturno también representa la paciencia, pues aprovecha todo su largo recorrido para dar la vuelta al Sol para pensar cómo ser más fuerte y, claro, cómo superar al resto. Así, Capricornio, llegas a todas las metas que te trazas: con disciplina, firmeza y orden.

Como sabemos que los utilizas diariamente, a continuación te dejamos una fina selección de dichos motivadores, en los que te apoyas para no desistir y perseverar en la vida. ¿Cuál de todos es tu favorito?

«El que quiera celeste, que le cueste.»
«No hay fruto sin esfuerzo.»
«El flojo trabaja dos veces.»

ELEMENTO

Eres el último signo de tierra, rígido como ningún otro (incluso más que Tauro), con una autodisciplina que nos da envidia; trabajas tanto porque estás enfocado en convertirte en millonario antes de morir. Eres como un viejecito atrapado en un cuerpo juvenil y agraciado, hablar contigo nos recuerda a las abuelas sabias que siempre nos advertían de que algo malo iba a pasar. La tierra te hace esconder la espontaneidad y de paso no te deja disfrutar el presente porque siempre estás muy ocupado con que la vida no es de color de rosa o algo así de dramático y pesimista.

Cuando llega la hora de evaluarte eres tu peor enemigo; no importa cuánto hayas logrado, siempre encuentras una forma de criticarte a ti mismo y ver el vaso medio vacío. Y con el resto del mundo, ni hablar, eres muy exigente y la mediocridad te horroriza. Quisieras que todo siempre estuviera bien —como tú defines bien—, no sirve que otra persona lo diga porque eres tú el dueño de la verdad con respecto al trabajo duro y a la seriedad con la que te lo tomas todo, hasta la sopa.

Capricornio, eres pragmático y no te enredas con detallitos que no suman. Lo tuyo es la realidad y punto. Los «habría» no existen; ya quedaba muy poquita imaginación cuando te hicieron. Para compensar esta falta te pusieron una colita de pez y esperamos que al final de este libro nos cuentes cómo es vivir con emociones líquidas tan fuertes en un cuerpo tan hermosamente rígido.

PERSONALIDAD

¿QUÉ NO ERES, CAPRICORNIO?

Eres reconocido por tu temperamento furioso, seriedad adulta, responsabilidad con todo lo que tiene que ver con trabajos, planes y ahorrar para el futuro. Pero todo eso que suena a persona pasiva no es más que una fachada. Eres irresistible y tienes una parte misteriosa y selectiva que nos vuelve locos. Tenerte cerca es como ser el elegido y automáticamente nos sentimos especiales y cuidados. Cuando dejas que alguien se acerque a ti le prestas tanta atención como al crear un Excel.

El que (casi) no se equivoca

Las peleas contigo son dificilísimas de ganar, a menos que se trate de un Tauro, porque casi siempre estás sobreinformado de todo y no te gusta equivocarte, pero no es terquedad; la mayoría del tiempo es que sabes de todo en cantidades industriales y te encantan los datos curiosos con los que puedes hacer que todos parezcamos críos de guardería. El problema es que cuando te equivocas no sabes manejarlo, te haces el bravo y eres tan convincente que hasta se cambia de tema y se olvida todo para no molestarte. Eres hábil con las palabras y manipulas de una forma tan certera que pasa desapercibido para el mundo, pues todos creemos que no fue idea nuestra, que fuiste tú el gran creador de todo.

El que no tiene emociones

Eres cabezón y tienes una fama que te persigue. Cada vez que alguien habla de Capricornio se escuchan cosas horribles, crueles. Eres como un humano al que no le pusieron corazón, pero ya no nos puedes engañar, Capricornio. Tu corazón es grande, te gustan las cosas cursis y quieres la paz en el mundo. Anda, algún que otro día te puedes permitir mantener conversaciones frívolas y dejar de ser el que todo lo puede. Está bien ser uno más, tranquilo, no hiperventiles.

El que no sabe lo que siente

Es curioso que tú, que todo lo sabes y te pasas el día aprendiendo todo lo que pasa en el mundo, no sepas de sentimientos. No es que no sientas, ya sabemos que sí, pero no sabes cómo se llaman las emociones ni cómo se sienten. A veces piensas que estás muy enfermo y, la verdad, puede ser que solo eches de menos a esa persona que te atrae. Además, no te gusta sentir, porque esos momentos los puedes usar para hacer dinero o rescatar una empresa o para ser el número uno en los negocios. Cuando terminas una relación se te acaba la vida y tardas un montón en recuperarte, sobre todo porque no empiezas relaciones sin hacer una tabla de pros y contras, y evaluar cuánta tranquilidad vas a perder. Si no pasan la prueba, aunque te encanten, no lo haces, eres pragmático hasta en el amor. ¡Qué cansancio ser tan medido, Capricornio!

DEFECTOS

La verdad es que tu forma de mandar no es la más sutil, a veces hasta parece más un sermón que una instrucción. No te fijas en la forma de decir las cosas y solo te quedas en lo que hay que decir. No tienes ni un poquito de compasión, porque eso no es práctico.

Te cuesta un montón pedir ayuda y te pones furioso si alguien de tu manada busca auxilio en alguien externo. Asusta mucho el nivel de control con el que te mueves, prefieres equivocarte muchas veces hasta que llegues a la forma correcta antes de pedir ayuda. Muy orgulloso y contradictorio con tu pragmatismo.

Los celos te vuelven ciego, Capricornio. Si estás en una situación en donde te sientes un poquito inseguro por tu pareja, se arma una guerra y no escuchas ni piensas con claridad. Es por eso que prefieres no meterte con alguien que pueda llegar a hacerte sentir celos.

Tu memoria no solo la usas para almacenar datos importantes, sino que también recuerdas con detalle todo lo malo que te han hecho y no lo perdonas nunca.

LO QUE TE HACE SUPERIOR

Capricornio, tú no te mueves en el equilibrio, eres de extremos, por eso quieres que las personas que están a tu lado sean completamente leales. No es suficiente con tan solo estar ahí para ti, quieres que vivan la vida como a ti te parece que sería mejor, que trabajen en lo que consideras que puede ser más eficiente para ellos y un largo etcétera.

TU PEOR INSULTO

- Que te llamen bruto.
- Que te digan que no sabes de lo que hablas.
- Que no te hagan caso (¡¿quién se cree que es?!).
- Que cambien el plan o lo modifiquen.
- Que te ridiculicen en público.

«EL LÍMITE NO EXISTE»

En nuestra experiencia, siempre tienes límites, incluso le pones límites a la diversión. Pero cuando tienes la seguridad de un compromiso y crees que será una relación estable, te dejamos de reconocer como una cabra furiosa y te conviertes en una cabrita realmente bondadosa. Tu amor es uno de los más puros y bonitos del zodiaco, Capricornio. Pero si te han hecho daño es muy complicado verte blandito y quitando las murallas infinitas con las que te conocemos de toda la vida. En pocas palabras, así como eres tú, solo puedes darlo todo cuando tienes las siguientes variables:

- Que la persona haga exactamente lo que tú ordenas y pase los trescientos exámenes y pruebas sin errores.
- Que se te nuble el juicio y te permitas sentir sin control (verdad relativa, esto se ha visto poquísimas veces).

TU LADO *DARK*

Tu lado más miedoso es cuando dejas de ser humano y te acercas más a una máquina trabajadora a la que no le importa pasar por encima de nadie con tal de cumplir los objetivos, que, por lo general, tienen que ver con ser el mejor, el más, el primero en lo que sea. Cuando estás en modo competición te vuelves cruel y escondes la colita de pez, ni siquiera te da sed de lo seco que eres, Capricornio. Al estar en tu lado más oscuro las personas se convierten en herramientas y no tienes piedad. Por favor, no dejes que se te vaya la luz amorosa, porque brillas y eres encantador cuando te relajas.

ASESINOS EN SERIE

Si hay un signo que nació para ser un *serial killer* ese es Capricornio. Se caracterizan por su aparente frialdad, su eficiencia laboral y su total cabezonería para convencerse de que llevan la razón en todo.

Nos encontramos ante un cóctel perfecto, son la persona idónea para ocultar un cadáver, mentir a extraños y conocidos y no sentir ningún remordimiento; en su cabeza Capricornio siempre hace lo correcto.

Les flipa el poder, tener el control de las situaciones. Además, saben guardar los secretos hasta llevárselos a la tumba. Si estás leyendo esto y eres un Capricornio, lo siento, pero según mis estadísticas astrales tienes una cabeza en el congelador.

Harold Shipman: Un Capricornio que se había autoconvencido de que hacía algo bueno por sus víctimas. Un doctor que mató a doscientos pacientes para «sacarlos de su dolor» y que en el juicio siguió erre que erre con que él no había hecho nada malo.

MODA

Un signo tocado por la elegancia, los tonos tierra, los burdeos y los azules marinos, por algo se han ganado la fama de ser un poco aburridos al vestir. Y, sin embargo, al contrario, la gran mayoría no lo son. (No podemos negar que algunos priorizan tanto la practicidad y la comodidad que irían todo el día en chándal.)

De todas formas, y aunque sean los reyes de lo holgado y lo cómodo, no dudan en llevar prendas ceñidas, escotes y pantalones muy cortos si ese día se sienten especialmente sexis. Nada le gusta más a un Capricornio que gustarse.

No son muy de gastar grandes cantidades de dinero en ropa. Les gusta comprar bien, pero también tienen alguna que otra prenda barata en el armario. No les cabe en la cabeza que alguien pueda gastarse la mitad de su salario en algo que tan solo se va a poner un par de veces.

PLAYLIST

Canciones Capricornio de artistas Capricornio:

- Janis Joplin — *Try (Just A Little Bit Harder)*
- Sade — *By Your Side*
- Alex Turner — *Stuck on the Puzzle*
- FKA twigs — *tears in the club*
- Paramore — *The Only Exception*
- David Bowie — *Modern Love*
- Vampire Weekend — *Capricorn*
- Amaia — *Dilo sin hablar*
- Mary J. Blige — *Family Affair*
- Patti Smith — *Gloria: In Excelsis Deo*

PERSONAJES FICTICIOS

Tiana, de *Tiana y el sapo*

Su sueño sería abrir un negocio propio con mucha dedicación y esfuerzo. Sin duda una aspiración muy Capricornio: realista y factible. Que se le interponga un vividor también es una secuencia repetida en la vida de cualquier persona de este signo.

Misa Amane, de *Death Note*

Sabe lo que quiere, lo ve y va a por ello. Es buena en su trabajo y muy sexual. Su tipo de amor no es para todo el mundo, pero sin duda es leal y tremendamente pasional.

La princesa Leia, de *La guerra de las galaxias*

¿Hay algo más Capricornio que salvar a la galaxia, encontrar el amor y ser una figura política para la revolución? Yo creo que cualquier Capricornio que se precie debería admirar ciegamente a la princesa Leia.

Cactus, de *Las supernenas*

Su personaje no toleraba a la gente llorica o vulnerable. Cactus es una chica que actúa y que no suele dejarse llevar (excepto cuando se enamoraba del chico malo). Debajo de esa armadura de chica dura hay mucha sensibilidad.

PERSONAJES REALES

FKA twigs

Nuestra musa del *Caprisongs*, cómo no quererla si se ha apropiado de sus símbolos. Resulta que lo llamó *songs* por no poner *sun*. Además, lo sacó en enero, es una genia. Y supercurranta, solo hace falta ver uno de sus *shows*, cuando hace *pole dance*, baila, canta, compone, es guapísima... Por lo visto tener energía Capricornio es ser perfecta.

John Carpenter

Hacía la música de sus pelis para ahorrarse unos dólares —aunque le supusiera más trabajo—, pero su música es tan icónica y él tan bueno en todo lo que se propone que ahora lo llaman como músico. Tiene un gusto exquisito y mucho arte para generar terror; también terror político, ya que como buen Capricornio es un buen chapas. En *They Live* no solo encontramos terror y ciencia ficción, sino también una crítica al capitalismo.

J. R. R. Tolkien

Solo Capricornio puede tener la cabeza para no solo inventar un mundo, sino también un idioma entero como el élfico. Me imagino a Tolkien pensando «la Tierra Media no es suficiente trabajo, necesito crear un léxico». Les pega escribir historias épicas sobre heroicidades. Yo veo a Aragorn como un Capricornio que, a su vez, acabaría siendo un buen rey.

TUS MOMENTOS MÁS ODIOSOS

Lo que tú ves es que no hay nadie tan genial como tú, que trabajas al máximo y te esfuerzas por saber siempre más que todos. Verdaderamente resaltas y con mucha ventaja. Crees que por eso te escogen para todos los equipos y los otros mortales se mueren de ganas de escuchar los motivos por los cuales deben seguir tus pasos.

Lo que vemos nosotros es una persona increíblemente inteligente y adicta al trabajo que no tiene mayor ambición que ganarles a todos. Nos aburre un poco a veces que las conversaciones contigo se conviertan en una competición y, bueno, preferimos que te tomes unas cervezas y te relajes, porque también eres el más divertido (pero la versión con dos copas de más).

EL REGALO MENOS DESEADO

- Un Géminis en cualquiera de sus presentaciones.
- Algo que ya tengas o que no necesites.
- Ropa que vaya en contra de tu personalidad (colorida, extrema, incómoda).
- Un rompecabezas de 1.000 piezas.
- Un viaje sorpresa.

EL COLMO DE LOS COLMOS

Tu peor escenario puede ser que te inviten a un proyecto que te resulte atractivo y cuando estás dentro te des cuenta de que nadie sabe para dónde va, que no hay estructura, que el líder prefiere que todo «fluya orgánicamente» y, además, que no se evalúen los resultados porque «todos somos igualmente valiosos». No te recomendamos que te apartes de la sociedad tal como la conoces porque no queremos que se te desconfigure el procesador. O sea, mantente humilde, Capri.

HOBBIES QUE ABORRECES

- Preparar mermeladas para no comértelas.
- Hacer figurillas con palillos de dientes.
- Sopas de letras.
- Ser *community manager*.
- Jugar con un *slime*.

JAMÁS TE DISCULPARÁS POR...

¿Equivocarte? Esa palabra no existe en tu vocabulario, tú no te equivocas y es imposible que reconozcas lo que nunca ha pasado, especialmente cuando tu error perjudica tu imagen. Lo más bonito que tienes es que no te disculpas jamás, pero en cuanto te vuelves consciente del error, empiezas a hacer cosas que reparen los daños en los demás, al menos esa es tu intención. Eso sí, sin perder la fachada de perfección y control.

ANTIMATCH

Estos signos tienen todo eso que te hace perder la cabeza, y no de enamoramiento, sino de desesperación. ¡No digas que no te lo advertimos, Capricornio!

Libra

Es un signo indeciso y tú siempre estás tomando decisiones no solo por ti, sino por todos los pobres humanos que necesitan de tu iluminación. Solamente imaginar que le preguntes a Libra qué quiere comer hoy nos hace ver la cara de cabra que pones.

Géminis

La pelea más famosa del zodiaco está entre tú y los gemelos. A ellos les parece rarísimo que sepas que vas a desayunar huevos con café sin azúcar de lunes a viernes, mientras que ellos ni siquiera saben dónde van a desayunar o si van a hacerlo. Además, están buscando

que los entretengan como si fueran niños y tú no tienes tiempo para esas cosas.

Piscis

Es el tesoro emocional hecho signo; es muy sensible
y tú eres un tractor agresivo y sin cuidado. A la hora
de expresarse, Piscis será un derroche de emociones
y tú ni siquiera sabrás qué significa eso en la práctica. Además, como eres tan tosco se puede sentir ame-
nazado con tu tono natural. ¿Nuestra recomendación?
Dale *next*.

¿CÓMO ERES EN EL AMOR, CAPRICORNIO?

En el amor eres como un seguro de vida: sin riesgos, sólido y aburrido. Hasta que te metes en la cama con alguien y de ahí nadie quiere volver a salir. Solo los que hemos estado con uno de los tuyos tenemos la convicción de que son inolvidables. A ti te atrae la honestidad brutal y la lealtad, no hay nada más importante para ti que la certeza y la seguridad, no te interesan los juegos que generan incertidumbre.

Lo normal es que seas distante y frío, así naciste, pero eso mismo es lo que los enloquece a todos y tú ni te lo propones. Genuinamente eres el amante perfecto para una novela romántica. ¿Cuál es la trampa? Ninguna, pero odias los dramas, las pataletas y las peleas frecuentes; para ti la vida es tranquila, real y pragmática o no es. Si de verdad estás enamorado y tu relación se está quebrando, intentarás arreglarla por todos los medios racionales, hasta pruebas los métodos menos ortodoxos porque odias perder en cualquier área de la vida.

LO QUE NO HARÍAS NI POR AMOR

Hemos visto a muchos Capricornio hacer cosas absurdas por amor, pero lo que definitivamente no harías es dejar de vivir con estructura, tener una casa, un trabajo y dinero —cuanto más, mejor—. No hay nada que te desestabilice más que no tener un plan, o no tener certeza con respecto al futuro. No dejarías toda tu vida por amor, que nadie se haga ilusiones porque eso es imposible.

AHÓRRATE LA TERAPIA

Cuando estés en una relación, y quieras (como en todas las otras) que sea para siempre, sigue esta línea de acción que te hemos preparado. Tiene efectos muy prácticos y deja muchas enseñanzas:

- Comete errores diferentes. No te tropieces siempre con la misma piedra.
- Si no te funciona el Excel para medir el comportamiento de tu pareja (ni el de nadie), trata de conocer a la persona interactuando sin evaluar. Aunque no lo creas, es posible. De hecho, puedes proponerte ser el mejor NO evaluador del mundo.
- Cómprate un diccionario para aprender a nombrar los sentimientos y dejar de ir al médico porque confundes un infarto con el dolor que produce el desamor.
- Despéinate, atrévete a hacer algo extremo como decirle a tu pareja que te sorprenda (sin hiperventilar).

¿CÓMO APLICAS EL *GHOSTING*?

No te gusta invertir en lo que no tiene futuro. Si quieres sexo, serás claro y no perderás toda la vida tratando de convencer a alguien que se hace de rogar. Si te gusta la idea de pasar por el altar y la persona no es clara con lo que quiere, y no te muestra interés, dejarás de escribir. ¡Desmiéntenos por favor, Capricornio!

TU MEJOR LIGUE PARA UNA SOLA NOCHE

Escorpio también tiene sus secretos bien guardados y se toma su tiempo para abrirse o dejar que alguien entre en su vida. Pero en la pasión y en la intensidad son muy compatibles. La conexión entre los dos va más allá de las calenturas y los cuerpos. Antes de que comiences a gritar y a poner en duda lo que te estamos diciendo, inténtalo. ¡Nos lo agradecerás!

TU AMANTE IDEAL

Una sorpresa para ti es Aries, un signo de fuego que te atrae por su transparencia. Dicen lo que piensan, hacen lo que quieren, y para ti no hay nada más increíble que una persona honesta sobre lo que desea y lo que siente. Con Aries es muy probable que vivas algo prohibido. No llegaréis juntos al altar, pero quizá un Aries te hará romper tu ordenado y maniático calendario.

¿QUIÉN ES TU PEOR AMANTE?

El que no tenga como prioridad ser una bestia en la cama; si le importa más cómo se ve que lo que siente cuando tienen sexo, por ahí no te metas, Capricornio, que vas a perder tiempo y después vas a estar furioso por haberlo perdido. Un signo como Libra, a quien le encanta experimentar toda la gama de emociones en un día y es supercursi, te dejará muy aburrido tras un encuentro sexual. Tú solamente quieres pasar un rato experimentando la *petite morte*, pero los Libra intentan desesperadamente lograr una conexión que dure fuera del cuarto. ¡No digas que no te avisamos!

CÓMO NO ABURRIRTE, CAPRICORNIO

- No entres en pánico si no te hacen caso a la primera o tardan en responder. Recuerda que hay algo llamado juego de la seducción que a las personas les gusta practicar.
- Que no te entren inseguridades si tu *crush* es muy social y amable. Es de humanos dudar, pero no te pases.
- La gente tiene derecho a ser indecisa o cambiar de opinión todo el rato. ¡No huyas!
- Repite: «Hay gente que no sabe a dónde quiere llegar y eso no está mal».

COMO EX ERES…

Completamente diferente cuando te cortan que cuando cortas. La razón es simple: la primera te descuadra el plan, el calendario, el presupuesto; la segunda, la planeas con meticulosidad. Tanto que, si tu pareja encontrara las siete contraseñas que tienes —de 16 dígitos cada una, con mayúsculas y minúsculas— para entrar en tu presupuesto de los próximos años, podría leer qué día, a qué hora y en qué restaurante vas a cortar. A veces eres tan frío que eso duele más que cualquier insulto dicho con coraje o furia.

En cuanto te reorganizas, te sirve con saber si esa persona respira o no. Si quiere ser tu pareja, pues bien. Y si no, también. Pero siempre le guardarás un poquito de rencor a ese ex que te hizo perder el tiempo.

PARA QUE TE SOPORTES

Intenta hacer algo sin recompensa. Por ejemplo, qué tal si solo trabajas para disfrutar de lo que haces, sin enfocarte en los resultados. ¿Demasiado complejo? Está bien, entonces intenta desayunar leche con galletas una hora después de lo que marca tu rutina. Y si te parece demasiado, aquí van algunos tips para que navegues en esta villa del señor:

- Trata de pensar en que todos los vasos están medio llenos y que algo muy bueno va a suceder. No importa que no lo creas, finge.
- De vez en cuando ponte calcetines de distintos pares, solo para ver que el mundo no se acaba si las cosas no se hacen de la forma que tú crees correcta.
- Esto es muy extremo, respira hondo... NO TE SALTES NINGUNA PALABRA: enfócate en perder el tiempo, solo una hora de no hacer nada sin programarla con antelación. Anda, no te vas a morir.

DINERO

CAPRICORNIO Y EL DINERO

Claro que el dinero compra la felicidad... muchos lo piensan, pero pocos lo dicen. Tú, Capricornio, eres uno de ellos. Y aunque en realidad tenerlo no te asegura una vida de cuento de hadas, si te va a tocar llorar por algo o alguien, por lo menos que sea en lo alto de tu mansión, ¿no?

Llegaste a este mundo con la ambición bajo el brazo, no por las ganas de tener y tener, sino porque quieres cosechar los logros de tu trabajo mientras estés vivo y puedas disfrutarlos. Como eres una cabra *workaholic* a la que le gusta un poquito —bastante— que le reconozcan los méritos, no importa qué piedras te lance la vida, vas a esquivarlas todas hasta alcanzar la cima.

Por tu trabajo duro y tu sacrificio, el dinero llega sí o sí y lo sabrás gestionar muy bien porque eres prudente, responsable y práctico. Eso sí, tocará hacer un minuto de silencio por el abandono crónico que sufren tu pareja, tu familia y tus amigos.

NI POR TODO EL DINERO DEL MUNDO

Un Capricornio que se jacte de serlo jamás dejará de negociar. No hay nada más adrenalínico que conseguir tus objetivos a punta de especular, vender, comprar o lo que sea necesario. Aunque no eres tan emprendedor como otros signos, ya que no te gusta correr riesgos, sí eres capaz de salir adelante por tu sentido del orden y la responsabilidad.

Rara vez presumes de lujos o caprichos, tu sentido del ahorro es lo primero, Capricornio. Por eso te recomendamos que salgas de vez en cuando con Tauro, que es tacaño pero le gustan las cosas finas, o que un Leo te saque a pasear para que te convenza de que las cabras también pueden brillar.

TALENTOS ESCONDIDOS
PARA TRABAJOS IDÍLICOS

Que seas un *control freak* con los plazos y sepas gestionar activos te da una gran ventaja, Capricornio. No se te escapa nada. Tu capacidad de análisis y tu obsesión con el detalle y la organización te convierten en un gran candidato para las finanzas, la banca, la contabilidad y la administración de empresas.

Para algunos puede que seas más frío que un abrazo de suegra, pero tú sabes que, en realidad, te gusta mirar las cosas como son y sin que el corazoncito te nuble el juicio. Esa mirada práctica de las situaciones y su contexto te convierten en la persona ideal para dar consejos y recomendaciones sensatas e imparciales. Siempre tienes una solución para todo.

Sarcástico, irónico y transgresor, tu humor es para aquellos que aguantan la amargura del limón. ¿Qué dices si intentas hacer *stand up comedy*? A Jim Carrey le fue bien.

¿EN QUÉ NO
GASTAS TU DINERO?

«*You better work, bitch*», dijo Britney, y Capricornio respondió: «Amén». Y no porque quieras un Bugatti o un Maserati como canta ella, sino porque tienes clarísimo que con dinero uno lo pasa mejor, así que toca generarlo. Ordenadito como eres con los números, si las cuentas cuadran no tendrás ningún problema en darte algunos gustos para ti y los tuyos: ningún lujo, pero sí lo necesario para pasarlo bien. Eso sí, si aún no te sientes satisfecho con tus finanzas, tocará apretarse el cinturón.

¿Comprar por impulso o gastar sin medida? *Never in a life*. Derrochar no está en tu diccionario. Prefieres mantenerte dentro de los límites que te has marcado para tener a tu hucha de cerdito bien alimentada mes a mes. ¿Tacaño? Para ti, eso lo dice la gente que no entiende de gestión. Aunque no te vendría mal soltarte el pelo de vez en cuando.

¿CÓMO INVIERTES, CAPRICORNIO?

«Voy a tomarme las cosas a la ligera y dejar que fluyan» jamás ha sido tu modo de vida, Capricornio. Disciplinado —sobre todo en las finanzas—, cuando de dinero se trata no dejas nada al azar. Cada fin de mes, llueva, truene o relampaguee, una parte de tu sueldo va para tus ahorros. Sácale provecho a tu yo metódico a través de una cuenta de inversiones de alto rendimiento.

Difícilmente compras un cupón o echas una quiniela; MENOS aún pisas un casino. Para ti el dinero llega con el trabajo, no con la suerte. Prueba invirtiendo en la bolsa de valores: tomar pequeños riesgos estudiados puede darte frutos a futuro.

PARA QUE TE SOPORTES

Hola, mi nombre es Capricornio y soy *workaholic*. Te gusta el trabajo duro y cumplir con los plazos, no hay nada más reconfortante que decir «tarea cumplida». Tu vida podría ser un *loop* interminable de trabajar, comer, dormir y *repeat*. ¿Qué puede pasar si descuidas un poco tu salud o vida personal? Según tú, es el precio a pagar por sobresalir, pero no debería serlo. Por ello aquí van algunas sugerencias para que les des una vuelta.

- Tu mente no para nunca, no importa si estás en la playa, el camión o la ducha. Tu cabeza funciona 24/7 y eso te puede ser muy útil profesionalmente, pero es también contraproducente para tu salud emocional. Para un poco y recuerda que la vida se vive una sola vez.
- Capricornio, eres el presidente honorario del Club de Quejicas Empedernidos. Si lloriquear fuera un

deporte, serías campeón olímpico. Tus compañeros ya se saben la rutina: te quejas por algo que te encargaron, luego te sale a la perfección y, al final, los jefes te felicitan. La historia de tu vida, ¿verdad? ¡Recapacita un poco y ahorra un par de lágrimas de cocodrilo para la próxima!

Lo mejor o nada. ¿Te suena? ¡Claro que sí!, si casi es tu mantra de vida. Puede que algunas tareas te lleven más tiempo que al resto, pero lo que entregas es digno de un Nobel. Eres autoexigente y no paras de darle vueltas cuando las cosas no salen como quieres. Tómate una dosis de Tranquilidad Extra Forte de 10 mg; nadie está pensando que eres el peor trabajador que ha pisado la empresa.

SALUD

SATURNO, PLANETA ENERGÉTICO

«Muéstrame tu cutis y te diré cuántas horas extra has trabajado.» Estás tan metido en tus proyectos que el tiempo vuela y no recuerdas cuándo fue la última vez que dormiste ocho horas, saliste a relajarte con amigos o tuviste una cita en pareja. Todo ese estrés que vas acumulando se te lee en la piel cuando desarrollas acné, eczemas o dermatitis (las mejores amigas de tu ansiedad). Saturno en Capricornio controla tu piel y tus articulaciones, y al ser un planeta seco lo hace todo *leeento* y *pesaaado*. Como no eres de andar de un lado para otro, sino de quedarte un millón de horas escribiendo en el ordenador, tus articulaciones terminan más tiesas que la mojama. Priorizar tus rutinas de *skincare* y *stretching* debes, si ser un Capricornio hermoso y saludable quieres, te diría el pequeño maestro Yoda.

DEPORTES

Abran paso al signo con más garbo y elegancia del zodiaco. Ese que destaca en cuanto deporte artístico exista: danza, natación sincronizada, gimnasia, patinaje o surf. Ay, perdón, se confundieron los astros, tú definitivamente no eres ese.

Pedirte que fluyas en libertad con la música, el agua o el movimiento es como pedirle a Pinocho que nos baile un dembow con *flow*. Tú, Capricornio, quédate con todos los deportes estructurados donde decir improvisación es como insultar en la cara al instructor. Tu alma metódica saltará de alegría cuando cumplas con un plan estructurado de *running* tan específico que indique cuántos minutos y segundos debes correr cada día, o bien, cuando armes un plan de pesas en el gimnasio que, kilo a kilo, te permitirá alcanzar tu objetivo.

CUENTA HASTA 10, CAPRICORNIO

¿No se entregó el trabajo a tiempo? ¿Se te olvidó poner una coma? ¿Perdiste una discusión? ¿Tienes ganas de renunciar, pero no puedes porque necesitas dinero? Cualquiera de estas situaciones te pone a ti y a quienes te rodean en peligro inminente. Este es el manual a seguir en caso de emergencia:

- Métele una *power nap* y reinicia tu sistema.
- Maratonea con tu serie preferida o elige una de esas pelis que ves para no pensar.
- Pide tu comida favorita de toda la vida (sí, la misma que pides desde hace 10 años).
- Escucha una canción de *heavy metal* y sacúdete todo y grita durante tres minutos, como la mejor versión de Gloria Trevi en *Pelo suelto*.

TUS FRASES MÁS ARROGANTES

- Si todos fueran como yo, el mundo sería un lugar mejor.
- ¡Qué cansancio andar explicándolo todo siempre!
- A mí deséame éxito, que la suerte es para los vagos.

LO QUE TE QUITA EL SUEÑO

Dormir es una pérdida de tiempo, o eso piensas cada vez que tienes un *deadline* cerca y no te alcanzan las 24 horas del día para lograr esa meta inaccesible que tú mismo te has puesto. ¿Dormir cinco horas y descansar? ¿Dormir tres y avanzar una hoja de Excel más? Ninguna de las anteriores, Capricornio; tú eliges no dormir y terminar todo el trabajo. No tenemos certezas, pero tampoco dudas.

Ahora, que no tengas un *deadline* cerca tampoco significa que vas a descansar tus ocho horas como Dios manda. Basta que empieces a analizar si estás logrando todas las metas que te habías propuesto alcanzar a tu edad, o si tu jefe está satisfecho con tu trabajo, para que las ovejitas que te mandan a dormir entren en huelga y comiencen a saltar la cerca. Y ni hablar de cuando a tu mente le da por practicar la futurología. Pensar en qué pasará mañana («y si... y si... y si...») es sinónimo de no dormir nunca más.

PARA QUE TE SOPORTES

ADVERTENCIA: Esto podría herir susceptibilidades capricornianas. Lee ateniéndote a las consecuencias.

Ojo, pestaña y ceja, Capricornio. Este manual lo hemos construido delicadamente para que seas más eficiente en el trabajo, tu necesidad de reconocimiento se calme y puedas tener la fiesta en paz con tus compañeros. Regresa a él cuando percibas un *surmenage* cerca.

- «Instagram no es la vida real. Instagram no es la vida real.» Repítelo hasta el cansancio cada vez que te entren los celos viendo los logros en la «vida perfecta» de tus contactos en las redes. Piensa que para comprarse ese coche de lujo seguro que han tenido que endeudar a sus futuras generaciones.

- Necesitas sacar el estrés de tu cuerpo como sea. Si para eso tenemos que programar las idas al *gym* en tu calendario, como si de reuniones de trabajo se tratara, adelante. Establece un programa detallado y síguelo al pie de la letra, justo como te gusta.

- Las siestas de 15 minutos serán la mejor inversión de tu día. ¿No nos crees? Ese cuarto de hora te dará energía y lucidez para terminar tus proyectos de la tarde en la mitad del tiempo. Programa una cabezada estratégica en tu jornada.

- Ni siquiera porque tú te lo propongas, Capricornio —que eres el #SiLoQuieroLoLogro del zodiaco—, puedes vivir sin alimentarte. Planifica meticulosamente tus comidas semanales, escribe la lista de la compra y equilibra tus macros y micronutrientes. Si te hace feliz, crea una hoja de Excel al respecto.

RITUALES EFECTIVOS

PARA DEJAR DE SER
TAN PERFECCIONISTA

Te estarás preguntando: «¿Por qué yo, el maestro de la perfección, tendría que dejar de serlo? ¿No es acaso maravilloso que todo salga como estuvo minuciosamente planeado?».

Lamentamos informarte de que la vida no puede ser como el peinado de una bailarina de ballet, algún pelo rebelde siempre logrará escaparse del gel. No importa cuánto te esfuerces, hay cosas que salen de tu control. Te prometemos que cuando se lance el primer mando para manejar la vida de todo el mundo con cinco botones, serás el primero en probarlo. Mientras tanto, no te queda otra que lidiar con la mortalidad y abrazar su imperfección. Tu ritual para lograrlo es el siguiente:

- Imprime el dibujo de un diseño de mandala con muchos detalles pequeñísimos.

- Ahora, con enormes lápices de colores, intenta pintarlo sin salirte de las líneas.
- Repite este ritual tres veces por semana, en horarios indistintos o antes de irte a dormir.
- Cuando hayas terminado, por lo menos, 10 dibujos de mandalas, rómpelos. Sí, ¡lo has leído bien! Tienes que aprender que no todo en esta vida puede quedar en un cuadro de honor para sentirte aprobado. A veces tenemos éxitos que solamente nosotros nos reconoceremos, y es bonito y está bien.

PARA QUE SE ENAMORE PERDIDAMENTE DE TI

Si no coges confianza, puedes ser un poco —o bastante— acartonado para conquistar a alguien. Sigue estos dos rituales muy necesarios antes de tener una cita para que salga perfecta, como a ti tanto te gusta.

Paso 1. No lleves las cargas del trabajo a ninguna cita nunca, jamás. Como a ti quitarte las tareas de encima te cuesta tanto, haz lo siguiente: escribe en un papel todo lo que salió mal hoy en la oficina y lo que tienes pendiente por hacer para mañana. Quema la lista en un lugar seguro (puede ser el fregadero de la cocina o el baño) y mira cómo tus preocupaciones se convierten en ceniza y se las lleva el agua.

Paso 2. Prepara tu pócima del encanto capricorniano. ¿Qué lleva? Una taza de confianza sin límites, dos cucharadas de tu humor travieso y una pizca de tu dulzura espontánea. Bébela simbólicamente antes de salir de casa, notarás los resultados.

PARA QUE NUNCA ENFERMES

Tu mayor enemigo eres tú mismo, Capricornio. Eso de andar exigiéndote demasiado y querer que todo salga impecable te lleva al extremo. El estrés te baja las defensas y te aniquila. Así que este es tu ritual para que no enfermes:

Guarda en tu calendario «cuatro días de no hacer nada» al mes.

Detalla hora por hora —como tanto te gusta— cada actividad a realizar: quedarse en la cama hasta las diez de la mañana, tomar el desayuno sin tener que salir con prisa, ver una peli, dormir la siesta.

Y acuérdate, si está en tu agenda, hay que cumplirlo. No está de más recordarte que debes tomar un par de vitaminas y disminuir tus niveles de glucosa si quieres tener una vida lo suficientemente larga para cosechar muchos éxitos.

OBJETO DE PROTECCIÓN

El abedul es tu objeto de protección, pero *caaalma*, nadie te está diciendo que salgas a buscar un árbol de esos por las calles de tu ciudad (aunque si te animas, tampoco viene mal). Para las culturas celtas y los pueblos nativos de Estados Unidos, el abedul tiene un enorme valor. Sus hojas ofrecen protección frente a las malas energías y te guían en la dirección correcta, incluso con esa negatividad que a veces tienes. Además, simbolizan los nuevos comienzos y la capacidad de regeneración y adaptación —algo en lo que no te viene mal una ayudadita extra—. Un colgante en forma de hoja de abedul canalizará esta energía para ti.

TALISMÁN

La verdad, no podía existir un talismán más apropiado para ti que las monedas chinas de la suerte. Sabemos que te gusta el blin blin, y estas moneditas se usan para movilizar la buena fortuna y el dinero, así como para ahuyentar las energías negativas. Además, brindan equilibrio porque una cara simboliza la energía Yang y otra la energía Yin.

Lleva este talismán en tu cartera o llavero. También puedes colgar tu moneda en la puerta de tu casa u oficina usando un hilo rojo. Eso sí, siempre utiliza una moneda sola o en atados de tres, cinco, seis, ocho o nueve.

AMULETO

Que no se te escape la tortuga, Capricornio. Este animal es un amuleto poderosísimo y para tu signo lo es aún más. ¿Qué estás esperando? Cómprate un adorno de cristal, cerámica o latón, o un anillo de plata con la forma de este animalito. La tortuga representa la buena salud y la longevidad (por algo vive tanto la condenada). Además, propicia la estabilidad y la armonía financiera y emocional. Si la vas a tener en casa, asegúrate de que su cola apunte hacia el norte; así canalizará la abundancia, la prosperidad y la salud. Como anillo llévalo únicamente los viernes en el dedo índice o medio de la mano derecha y siempre con su cabeza mirando hacia ti.

PRUEBA

TU PRIMER ELEMENTO

A continuación, un test para saber si eres un Capricornio de tomo y lomo. Una forma infalible para saber si estás alineada con tu signo solar. Cinco preguntas sobre tu personalidad que revelarán la verdadera cabra que eres (o no):

1. Has empezado un nuevo curso de cocina que no te acaba de gustar del todo. ¿Sigues hasta el final o lo dejas a medias?

A) Le dejo, pero ya. Si algo no me divierte, lo mando a la basura.

B) Yo no dejo a medias nada y menos algo que sale de mi bolsillo. ¿He pagado? Lo termino, a ver si aprendo algo.

C) Intento una clase más y, si no me acaba de convencer, lo dejo.

2. ¿Si pudieras cambiarte por otra persona por un día, quién sería?

A) No me cambiaría por nadie.

B) Jeff Bezos, me encantaría vivir la vida de la persona más rica del mundo aunque sea por un día.

C) Por Sydney Sweeney y probar a ser la persona más guapa de Hollywood.

3. Tienes que animar a una amiga que acaba de suspender unas oposiciones. ¿Qué le dices?

A) Lloro con ella porque entiendo su frustración.

B) Que espabile y se ponga a estudiar para la próxima convocatoria.

C) Tengo empatía suficiente como para escucharla y animarla desde la ternura.

4. En una manifestación, ¿dónde te encontraremos?

A) Entre la gente, no me gusta alzar demasiado la voz.

B) En primera fila y gritando más que nadie.

C) No pisaría las calles por ninguna manifestación, me quedo en casa.

5. ¿Dónde te ves de aquí a quince años?

A) Igual, pero con un piso en propiedad y con un ascenso bien merecido.

B) Con una vida estable, buen curro, buena casa y con dinero suficiente como para no comerme la cabeza.

C) Haciendo un voluntariado en Papúa Nueva Guinea, sin nada estable, pero con mucha libertad.

RESULTADOS

A: Para Capricornio eres una persona que se deja llevar demasiado por sus sentimientos, nunca podrás llegar a su nivel.

B: Eres tan Capricornio qué deberías ganar la corona de la reina de los Capricornio.

C: Eres demasiado pasiva y caótica para ser Capricornio, quizá te has equivocado de horóscopo y en realidad eres Sagitario.

TU SEGUNDO ELEMENTO

Es posible que hayas nacido Capricornio, pero todas las variables de tu carta astral te hacen tener matices que no te cuadran con algunas descripciones de tu signo. «Ya decía yo que todo esto no es cierto, me engañaron, esto se lo inventaron...» ¡PARA! Respira. Lo que queremos decir es que es posible que tu personalidad tenga influencias de otros elementos y eso significa que no todo es blanco o negro a la hora de ser humano, y esta prueba te puede ayudar a conocerte mejor, saber cuáles son esas pizcas de los otros elementos que te hacen único y también te ayudan a entender de dónde salen esas actitudes tan poco calculadas pero que son tan naturales en ti.

Capricornio, ya sabes que tienes los pies bien puestos en la tierra. Te lo dice tu elemento, pero ¿sabes cuál es el otro elemento que predomina en tu vida?

Esta prueba está diseñada para que evalúes la porción que tienes de cada elemento y puedas equilibrar lo que te gusta y lo que no te gusta; averiguar de dónde salen esas reacciones tan poco capricornianas o, por el contrario, confirmar que estás plantado en la tierra hasta las rodillas. Asigna un punto por respuesta positiva. Y si no eres ni uno ni otro, pues asigna medio punto por respuesta.

	SÍ	NO	A VECES
FUEGO			
¿Vives la vida a lo grande, sin reservas, sin importar lo que pase a tu alrededor?			
¿Eres auténtico, directo, dices lo que piensas y no dejas que nadie se imponga sobre ti?			
¿Eres el líder natural de todos tus círculos por ser el que planea, motiva y, a veces, manda hasta sin darse cuenta?			
Si alguien te cuestiona, ¿haces todo lo posible para demostrar quién es el que manda?			
¿Es inevitable para ti pensar que tu felicidad es lo más importante del «mundo mundial» y todo lo que se interponga entre tu felicidad y tú debe ser eliminado?			
Cuando hablas, ¿tienes un impulso descontrolado y dices todo lo que se te pasa por la cabeza sin pensar en las consecuencias?			
TIERRA			
¿Tus acciones son gobernadas por la lógica y no permites que los sentimientos interfieran en tus decisiones?			
¿Tienes síndrome del árbol? (Quieres sentarte en la misma silla, ordenar las cosas de igual manera en todos tus asuntos, es difícil pensar en una mudanza o en cambios drásticos repentinos.)			

	SÍ	NO	A VECES
¿Te gusta más tener un recuerdo físico y palpable que una loca experiencia?			
¿Eres apegado a tus pertenencias y podrías dedicarte a ser un coleccionista profesional?			
¿La disciplina es una característica fundamental para tener éxito en cualquier aspecto de la vida? (Hasta para la diversión creas reglas.)			
¿Podrías anteponer tu bienestar laboral a tu vida personal o tus gustos?			
AGUA			
¿Tus sentimientos mandan en tu vida? (Mejor dicho, ¿eres *drama queen*?)			
¿Piensas que nadie puede entender lo profundo de tus sentimientos?, ¿que los demás no sienten igual?			
¿Te es más fácil llorar que anudarte los cordones?			
Y aun con lágrimas en los ojos, ¿sientes que puedes con todo y que nada puede destruirte?			
A la hora del amor, ¿eres un romántico empedernido y tu pareja se convierte en el centro de tu vida?			
¿La palabra *infidelidad* te suena rarísima y no sabes ni siquiera cómo alguien puede pensar en otra persona que no sea su pareja?			

	SÍ	NO	A VECES
AIRE			
¿Tu gran pasión está en cómo puedes decir o entender todo lo que pasa a tu alrededor?			
¿Eres el alma de la fiesta y respiras vida social?			
¿Calculas todo, piensas demasiado y, muchas veces, esos pensamientos no llegan a concretarse?			
¿Puedes sostener una conversación de lo que sea, con quien sea, sin ningún tipo de problema?			
¿Solamente pensar en que vas a estar en el mismo lugar durante mucho tiempo te pone la piel de gallina y sientes horror?			
Cuando hablas con personas, ¿a menudo te dicen que se sienten comprendidas?			

¿Cuál fue tu mayor puntuación? Suma los puntos y descubre tu resultado en las siguientes páginas.

RESULTADOS

Mayoría de fuego

Hay momentos en que el fuego se te sale por los poros. Aunque siempre parece que lo tienes todo organizado y bajo control, puede que una cama no sea tu lugar ideal para una noche de revolcón y hasta que la lentitud sea tu kryptonita. Vives alimentándote de pasión y energía. Tienes una personalidad fuerte que se compara con el sol: a veces calientas y otras chamuscas. Te gusta vivir al límite, y te concentras con tanta intensidad que, muchas veces, no te das cuenta de qué pasa a tu alrededor o a quiénes pueden lastimar tus actos.

Los signos de fuego son: Aries, Leo y Sagitario.

Mayoría de tierra

Tus ganas de perfección y control te hacen tener los pies bien atornillados al suelo. Tu carácter es fuerte y sólido; a ti no se te pasan tan rápido los problemas y estás dispuesto a explotar por ellos. En la cama prefieres un toqueteo más largo y te tomas tu tiempo para calentar las cosas, no tienes prisa y lo disfrutas todo lentamente. Eres estable y disciplinado —al menos en tu forma de pensar—. Tu cabeza pocas veces visita las nubes, prefieres mantener la noción de realidad. El sentido de propiedad privada trasciende a las personas, por lo que eres propenso a los celos.

Eres cuadrado en tu pensar y eso se traduce en que eres muy terco.

Los signos de tierra son: Tauro, Virgo y Capricornio.

Mayoría de agua

Por un lado, eres realista y sensato, y un segundo más tarde estás sonándote los mocos por la belleza de las mariposas volando. Aunque escondas mucho tras esa cara seria y tu obsesión por la perfección, Capri, basta un poquito de agua para que florezcan tus emociones y sientas todo con mucha intensidad: el amor, la alegría, el odio, la frustración. Tus reacciones pueden ser en extremo dramáticas cuando se trata de los sentimientos. En la cama tienes la lujuria potente de Escorpio, que de agua mansa pasa a ser esa tormenta rugiente que deja sin aliento y libera pura energía.

Los signos de agua son: Cáncer, Escorpio y Piscis.

Mayoría de aire

Que sople el viento para remover tus excesos de tierra, Capri. Así tu organización y tu espíritu metódico no te convierten en inflexible y tu gustito por el control se relajará fuera de esos límites. Si tu segundo elemento es el aire vayan dándose media vuelta los aburridos y *bye bye*, si te he visto, no me acuerdo. La vida es una sola y no da para quedarse sentado esperando por nada ni nadie. Si te enfocas en eso, podrías ser hasta el más rápido en pasar página, todo un logro para tu posesiva y recelosa esencia capricorniana.

Los signos de aire son: Géminis, Libra y Acuario.

Querido Capricornio, después de todo lo que hemos dicho en este libro, de cómo hemos descrito y desvelado los más íntimos secretos de tu personalidad (eso que ni a ti te gusta admitir o que no habías notado de manera consciente), creemos que esta prueba te ha enseñado que no debes ser tan inflexible con los extremos, sino que hay una enorme escala de grises en medio.

Ya que has sobrevivido a esta cantidad desproporcionada de verdades sin adornos, como te gusta, piensa en este libro como un manual de consulta al que puedes volver cada vez que se te olvide lo perfeccionista, ansioso, fiel, exitoso, divertido e impaciente que eres. Si te gustan los secretos del horóscopo, seguro que te gustará conocer más de tu ascendente, tu Luna, y cómo entender las piezas que no encajandel todo. Si es así, no dudes en consultar los otros signos para acabar de soportarte a ti mismo.

GLOSARIO

Planeta regente, Mercurio retrógrado, signo ascendente...
Respira hondo y no te desesperes. Hemos preparado un
glosario para que entiendas mejor los términos.

Signo solar

El que le preguntas a tu *crush* y que siempre consultas en
el horóscopo. Se define teniendo en cuenta en qué constelación se encontraba el Sol en el día y mes en que naciste.

Carta astral

Es la «foto» de cómo estaba el cielo aquel preciso instante
en el que naciste. Con ella conocerás la posición exacta de
los planetas: tu signo solar, tu ascendente y descendente, así
como características únicas.

Signo ascendente

Representa la forma en la que te acercas a la vida y cómo
te perciben los demás. Se define teniendo en cuenta qué
signo asomaba por el horizonte al momento de nacer. Para
saber cuál es el tuyo necesitas tu carta astral.

Signo descendente

Tu signo descendente —al ser el opuesto a tu ascendente— representa a tu posible compañero de vida. Calcúlalo de forma fácil: están a seis signos de distancia uno del otro. Conocerlo te ayudará a entender mejor a tu pareja y lo que buscas o encontrarás en ella.

Mercurio retrógrado

Este fenómeno se da cuando este planeta pareciera quedarse quieto e ir en retroceso, en «retrogradación». Y como Mercurio es el responsable de la comunicación, los malentendidos y desacuerdos están a la orden.

Planeta regente

Cada signo del zodiaco vibra de forma particular con un planeta del sistema solar o sus astros, y esa afinidad energética es la que define el planeta correspondiente a tu signo.

Elementos

La tierra, el fuego, el aire y el agua son los cuatro elementos de la astrología, y cada signo del zodiaco está relacionado con uno de ellos. Los signos de tierra son cuadrados y confiables. Los de fuego son pura chispa y energía. Los signos de aire son visionarios y rápidos de pensamiento; y los de agua destacan por su intuición y sensibilidad.